Fragmente

von Fulvio D'Agostino der Pflanzenwelt gewidmet

Fulvio D'Agostino

INTERVIEW MIT EINEM GRABWÄCHTER

Impressum

Bibliografische Information der Deutschen Nationalbibliothek:
Die Deutsche Nationalbibliothek verzeichnet diese Publikation in der Deutschen Nationalbibliografie; detaillierte bibliografische Daten sind im Internet über http://dnb.dnb.de abrufbar.

© 2024 Fulvio D'Agostino

Fotos und Gestaltung: Fulvio D'Agostino

Verlag: BoD • Books on Demand GmbH, In de Tarpen 42, 22848 Norderstedt
Druck: Libri Plureos GmbH, Friedensallee 273, 22763 Hamburg

ISBN: 978-3-8370-6558-9

Über den Autor:

Fulvio D'Agostino ist als halber Italiener, halb Schweizer am Bodensee, im Kanton Thurgau, aufgewachsen.

Er studierte klassische Gitarre an der *Zürcher Hochschule der Künste Zürich* und ist nun als Gitarrenlehrer und Musiker im Kanton Zürich tätig.

Neben der Musik widmet sich Fulvio D'Agostino auch verschiedenen anderen Formen der Kunst.

Er lebt mit seiner Familie in der Zürcher Kulturstadt Winterthur.

Weitere Informationen unter:

www.fulviodagostino.com

HAST DU SIE AUCH GESEHEN?

Hast Du siE auch gesehen, die Person, die nicht spricht
und iMmer wEinT, aussieht wie ein JunGe, aner einen Busen
hat wie ein MädChen; welche wed r ganZ dunkle, noch helle Haut hat,
        dersen Winseln klingt wie ein Wölfchen, halb MännChen,
          halb WeIbchen und dessen Laute denen eines Eunuchenähneln
              + man sie selten antrifft, da sie äUßerst schücht
                -ern, ja geradezu scheu wie ein REH ist, hast
                Du sie gesehen, im WalD herumirren,
                δ davonlaufen, ins Gebüsch huschen
                      mit glänzenden Augen, hast Du sie auch
                              gesehen?

EIN IRRTUM

Ein verwirrter Irrer irrt herum.
 Verwirrend ist das Ganze, weil es sich um einen Irrtum
handelt.
Der IrRe landet-im- schließlich im Irrenhaus.
Irrtümlicherweise + wirr wie es isT, irRt und iRrt + irrT der iRRE.
        Einfach irre!

ZU LAUT

Zu laut das GeSCHrei
Zu laut deR SCHall
  Zu laut der Urschrei
Zu laut der HaLL
    Zu laut die Fanfaren
    Zu laut das Gröhlen
      Zu laut die Höllhqualen
Zu laut die Löwen
      Zu laut die RufE
  Zu laut das Beben
Zu laut die Hufe

    Zu laut das Leben

Doppelt

Aggression; immer doppelt tippen, gestresst, halluzinierend
       doppelt tippen.
Kontrollierend; doppelt kontrollieren, erregt tippen.
          Kommunizieren; Apparate kommunizieren ungehemmt.
Ungehemmt klappernd tippen.
       Doppelt tippen.

Impuls

Warten auf einem LIegestuhl, bis ein neuer Impuös kommt.
Trotz meines tiefen Pulses, drängen sich immer wieder GeDANken auf,
               was zu Impulsen führt.
    Neurotische GEDanKeN, manische ImpuLse, pulsierende Impulse;
    PULS IM IMPULS

MORD

Mord in eiNem Vorort, dort, o DorD, der TaTort!

Von übler Sort, der Selbstmord.
Aber keine Sorg? es braucht keinen Sarg, denn es ist nur
ein Wort.
       WORTMORD

Ein Zweites Mal

Ein zweites Mal hinschauen, überprüfen,
kontrollieren oder besänftigen der schlechten GeDaNken.
       Mich ein zweites Mal vergewissern, ob es wirklich
so ist? wie mein Hirn es mir vorgaukelt.
    Ein zweiTes MaL die gleiche Tätigkeit vollbringen, den beim
3. x würde es fehlschlagen.

Stimme: Was liegt Ihnen auf dem Herzen?
        Schießen Sie los!

Patient: Es liegt mir sehr vieles auf dem Herzen und alles etwa
         schwer.

Stimme: ÜbEr waS wüRden Sie denn jetzt am liebsten gerne sprechen?

Patient: iCh habe dAs GEfüHl, in eine von Menschen beherrschte WelT
         geraten zu sein. Dies wurde mir mit den Jahren immer mehr bewu
             sst. Meinen Gefühlen treu bleiben und dies alles nicht mehr
          mitmachen kostet mich sehr viel Energie und die anderen Menschen
          behaupten, ich sei krank. Somit habe ich häufig keine KraFT mehr
         morgens aufzustehen. Keine Kraft mehr zur ArBeiT zu gehen.

Stimme: Ja, da ist manchmal nicht ganz einfach, wenn man seinen eigenen Weg
           gehen möchte.
        Was würden Sie denn gerne ändern?

Patient: Sehr, sehr vielen Menschen den Kopf abhacken.

         Aber eigentlich ist das auch nicht ganz ehrlich, denn

         ich würde die meisten lieber gerne foltern. Ins Detail möchte
         ich jetzt aber nicht gehen, auf jeden Fall wüsste ich genau,
         was ich mit ihnen anrichten möchte.

Stimme: GewAlTphantaSien gehören dazu. Das ist manchmal auch ein Ventil,
        u m innere Spannungen abzubauen.

 Patient: Das mag sein, nur werden meine Gedanken manchmal so heftig,
          dass ich mich nicht mehr unter KonTroLLehaBE.

Stimme: Und was genau geschieht dann?

Patient: Diese Frage möchte ich ...
         Ich hoffe, Sie verstehen mich, wenn ich das jetzt gerade nicht be
             antwORTen mag.

StImME: Klar, das macht nichts!
        Vielleicht können wir trotzdem einen WeG finden, wie Sie mit
        Dissonanzen und Wut umgehen können.

 PAtiEnT: Ich weiß nicht so recht, obich einfach immer nur lernen muss,
          damit umzugehen ode darüber hinwegzuschauen

          Das habe ich schon mein ganzes Leben lang immeR wieder
          versucht, bis ich festgestellt habe, dass dass
              es mir genau nicht darum geht, zu verdrängen oder
          mit schlechten Gefühlen umzugehen, wondern, auf diese zu hören, s
          ie wahrzunehmen, weil sie etwas agen möchten.

Stimme: Und was sagen die?

 Patient: Diese Gefühle zeigen mir, dass es manchmal nicht stimmt, wie
          wir MenScHen leben.

Stimme: Können Sie mir vielleIcht ein konkretes Beispiel schildern?

PaTiENT: ich hasse menschen, ich hasse menschen, ich hasse menschen,
             ich hasse menschen, ich hasse menschen, ich hasse menschen, ich
              hasse menschen, ich hasse menschen, ich hasse menschen, ich hasse
           menschen, ich hasse menschen, ich hasse menschen, ich hasse menschen
            , ich HASSE menSchen, ich hasse menschen, ich hasse menschen, ich has
              se mENscHen, ich hasse menschen, ich hasse menschen, ich hasse men
         sChEN? ich HA se menschen. ich hasse menschen ___________

Stimme: Darf ich Sie kurz unterbrechen?

Patient: Ich hasse Menschen, iCh haSsE menschen, ich hasse menschen, iicch,
             hasse Menschen, ICH HaSsE MenSchen! Ich hasse menschen.
                      ich hasse men   sc h e N, ich hhasse menschen
                      ich hasse menNNsch en. ICH hasse Menschen,
                 ich hhass_____________
StiMmE: Hören Sie, also...

PAtienT: e Menschen, ich hasse menschen, ich hasse mENSCHhhen.
             Ich HASSe MENSCHEN. ich HAsssse menschen, ich hasse menschen ich
        hasse menschen   ich hasse menschen. Ich Hasse menschen, ich hasse,
             MENSCHEN.
STiMmE: Ich wollte Sie eigentlich danach fragen, was genau...

 PATient: ich hasse menschen, ich hasse Menschen. Ich hasse menschen,
             ich haSSe MenSchen, ich Hasse mENSchen? ich hasse menschen,
                 ich hasse mEnSchen, Ich hasse Menschen,,,
        Ich ha s s e menschen. Ich hasse MEN C---, ich hasse menschen..
                 iich hasse Menschen, ich hasse menschen, iiicchh has
         sse Menshcen   ich hassssse menshcne ichhassemenschen ch hasse mensche
 ich hasse menschen i ch hassemenschen ich hassen menschenichhasse menschenich
 hasse menschen ich hasse menschen

       iiich hasse menschen.   Ich hasse me_________
Stimme: Nun ich... ich schlage vor,

Patient: ich hasse menSchEn, Ich Hasse Menschen. ichhasse mensch
             nschen   en

ich hasse menschen, ich HHasse menschen, ich hasse menschen
         ichh HaSSe MEnschen   ichhassemenschen
             ich hassemenschenichhassemenschenichhassemenschen
  ichhasse MENSCHEN, ich hasse menschen, ich hasse Menschen.
         ichhassemenschenICHHASSEMENSCHENichha semenschen
ICH HASSE MENSCHENichhhhhasssssemenschen IIICCCHHHHHAAASSSE MENSCHEN
         ICH HASSE MENSCHEN ICH HASSE MEN CHEN
                     ICH HASSE MENSCHEN
     iCh hasse menschen??ich hasse men schen- ich hasse menschennnn

             iiich hasSEMENSCHEN ich hasseMENSCHEN
                 ichhassemenschen
ich hasse menschen menschen ich hasse menschen ich hasse menschen.

Ein aus, ausein, auseinander die IdEEn, auseinander die Geister.
 Geschieden sind sie, die Geister.

  Erich rRomm beschreibt und kommentiert jegliche Art von
     Geisteszustand und   was ist irre und was ist normal??
     Die Stoiker und das Lesen sind gestückelt in kleine Häpp_
 chen, kleine Stücklein Geistesfutter und der Liebeswahn und die
   Vergewaltigung finden pLaT~ im H~rn und die ESPERImente ,
    die mit Mäusen durchgefürt wurden, wasAAgression oder

A GAgressivität ist und woher sie kommt.
   Das Lexikon berichtet weiteres über Psychosen und Spaltungen
    nes jugendlichen Geistes.
Stehenllassen odn nochmals rekonstruieren, rekapitulieren oder kapi-
         tulieren?

KAPitulieren, eindeutig und noch etwas klimpern mit Tasten ode Saiten würde
     bling macht die Schreibmaschine die Schribmaschine
                  i
                  l

       somit ist der Z~sammenhalt und die Zusammenfassung
 der G~istesfetzen geordnet worden und so kann ich mich
    auf die Kapitulation konzentrieren. Eine Zugabe schadet
      nicht, nur die Aussen, die Außenwelt ist es, die   ver,
          verlangt

      dass ich vorwärts mache, dass es einen Druck erzeugt?i nnerlich
   bing die Schreibmaschine klingt wieder und es muss eine
   Ende nehmen, es geht zu Ende ...
  So durchquert man dann die Registe in einem Buch und schnappt
     Fetzen aus versfhiedenen Theme auf und es erzeugt
  ein wahnsinniges Chaos im komishcen Kopf eines eingeschlafenen
    und tauben Fußes ode BEin.
Nein, eine komische Paralyse ist das..........................

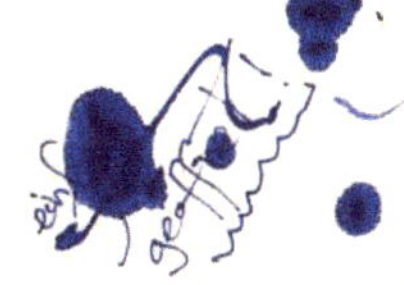

Fast jeden Tag, wenn ich aus dem Fenster schaue, spazieren gehe oder zur Arbe
- it stresse , schaue ich zu IHneN herüber.
 SiE SIND für mich jemand, der das Leben mit einer geistigen FriBiheit

        wahrnimmt, Sie wissen, wer Sie sind und müssen sich nicht
verstellen. Sie scheinen KRaFT aus sich selbst und der Natur zu schöpfen.

Manchmal haben Sie etwas mysteriöses an sich, manchmal etwas biblisches.
        Sie wachen über den FRiedhof; Tag und Nacht.
Eine ART GrAbWäChTeR könnte man sagen.
            Ihr Aussehen unterscheidet sich stark von anderen, das bewunde
    -re ich SeHr.
    Haben Sie eIgentlich AnGsT vor dem Sterben?

    "Gestern wurden mir 3 Arme abtrennt, weil sie zu weit über die GRäBer
      hinausragten. Da hatte ich große Angst und dachte, ich müsse sterben."

Soweit denken die menschen gar nicht. Leider bedienen wir uns einfach, ohne

    Mitgefühl oder Reue. Wir fertigen Häuser oder Möbel aus abgetrennten
    Körperteilen an. Es stört uns auch leider auch überhaupt nicht, sogar Musik
    damit zu machen.

        Was denken Sie über die MenScHeN?

    "Die Wahrheit liebt das Licht, die Lüge scheut es.
    Sehr viele Menschen sind nicht ehrlich; sie lügen sich durchs Leben.
    So wie sie eigentlich wüssten, wie schlimm es ist, jemandem die ARmE
                                                                     M
    abzuhacken und sie womöglich noch als Sthul z u verwenden."

Gibt es auch etwas, was Sie an den Menschen mögen?

    "DaS WanDern ist des Menschen Tugend. AcH, wIe gernE würde ich es können
        !"

    Sie wirken wirklich sehr weise, wenn ich das sagen darf.
    Unter Männern darf man das ja fragen: Wie alt sind Sie eigentlich?

    "Ich habe kein Geschlecht, aber ich habe schon einige Jahrhunderte
    meinen Platz hier als Grabwächter.
    Etliche Menschen habe ich schon überlebt, sie als Kind gekannt und
    als Greise ins Grab steigen sehen."

Hören Sie, Herr Grabwächter?gerne Musik?

"Nun, ich bekomme äußerst selten Musik zu Gehör. Meistens ist es nur ein
          lautes Dröhnen eines ♦ in einem Auto abgespielten Computerstückes
      ⋅ Kürzlich ertönte jedoch, aus der Ferne über die Gräber hinweg,
eine zarte und doch sehr temperamentvolle Musik. Diese Musik hatte etwas
Nachdenkliches und dennoch war sie hier und da tänzerisch wie der Früh-
     ling; sie waRe ultrAmaRin und doch   türkis und smaragdgrüN.
     Ich hörte dann ncoh den Radiosprecheretwas von einem Déodat de Séverac
          reden."

Das klingt nach einer sehr wertvollen Musik, die Sie da vernommen haben.
Gerne würde ichIhnen, lieber Herr GRaBwächter noch eine letzte FrAGe stel-
len.

   "Das können Sie gerne. Danachh bin ich aber erschöpft und brauche
       etwas RuHe."

Das kannich sehr gut verstehen.
Also, meine letzte Frage an Sie lautet:

   Haben Sie außer mir manchmal BesUCh?

"5 schwarze Katzen wundermild, die waren bei mir jüngst zu Gaste.
       Sie setzen sich häufig auf meine Arme und genießen die Abendsonne.
   Auàerdem lebt fast alles, was um mich herum ist _ außer natürlich die
   MEnschen-InaN--in den Gräbern _ und kommuniziert mit mir. Da muss man
       einmal genau hinhören und die Sinne öffnen."

       Herzlichen DaNk, Herr GrABwächter !

eine reihe von gefühlen.
   die philharmonie der ängste spielt verrückt in meinem körper.
tiefes violett und rasselnde stecken im ohr von bejahendem schall wider-
        gibt die schwarze umdrehung im kopf.
        ängste vor dem morgen, ängste vor der zukunft, vor dem nein,
            vor ablehnung, vor dem nicht-genügen, vor dmeem nicht-
        aufstehen, vor dem nicht-annehmen, vor dem nicht-schaffen, vor
    dem versagen.
die schwarzen umdrehungen in den abgrund, ins wunderland ohne genügen müssen.
        nur hier sein.
        nur ganz fein.
        nur daheim.
        nur allein.
    die schwarzeen umdrehungen .....
allein geheim daahheim ganz fein hier sein.
    drehen und drehen ins schwarze nichts.
        hilfe, die weiße polizei rennt!

        —   —   —   —
    —   —
              24
    —   —
        —   —   —   —

    vierundzwanzig außerirdische wesen.
    vierundzwanzig küchen.
                  g uch
        vierundzwanzig blicke.
    vierundzwanziggg schuldgefühle.
        vierundzwanzig repetitionen.
    vierundzwanzig wo.
        vierundzwanzig milde trockenheiten trotz nässe.
    vierundzwanzig perversionen.
        vierundzwanzig fliegen.

            Brücken und Zeppeline

        öffentlich, veröffentlicht.

        Eine wilde letzte Nacht.
    Im doppelten Spiegelbild öffnet sich ein Tor, hinter dem

            mehrere Brücken hinein, in eine bedrängende Welt
    voller Zwänge, Furcht + Verklemmtheit und Verkorkstheit führen.
            öffentlich veröffentlicht ist die wilde Nacht.
        Bleierne Zeppeline erschweren den Gang über die Brücken
            und katapultieren in teuflische Schluchten   voller
            Bosheit und Perversion.
        Verwilderte öffentliche letzte Nachtder Brücken + Zeppeline.

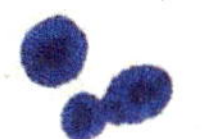

HAUS DER WIRKLICHKEIT

Dumpfes Lachen, kliRRenddes Geschirr, Schritte, die sich nähern und ein
    , zwei, drei Türen knallen zu.
        iM Gang leuchtet nur noch ein schwaches Licht and der DecKe;
                es ist der Flur eines Hauses, von dem aus verirrte Geister
        aus in KörPer hinein- und hinausfliegen.
Es ist das Haus der wahren GeDanken, das Haus der WiRklichkeit.
        Hasenohren, blutbefleckte Kaninchenohren sind das Tor zur Ver-
                gangenheit.
Wahn, Irrsinn, Einbildung, Verzweiflung, AnGsT.
            Die Unberechenbarkeit löst AnGst aus.
        Furcht vor sich selbst im Haus der Wirklichkeit.

DAVID UND JONATHAN

    Ein violettfarbenes Buch liegt vor ihm auf dem TiSCHchen.
        WAhrscheinlich ist dies, wie viele DiNGe in der Menschen-
                welt, aus dem Körper eines BauMes entnommen. Gescheibelt
    in über 200 feine TRAnchen, gebunden und mit schwarzen Zeichen versehen.
            Neben diesem tranchierten Stück Baum, welches überdies auch
    noch mit einer Zeichnung verziert wurde, steht eine TaSsE KaFFee aus einem
            Automaten von einem geschlossenen Ort, wo..............
            Bücher in Bücher schreiben, Pharaonen hin zu einem
        Fluchtpunkt gehen, sich kreuzen X und dem inneren Licht folgen, Während
    -dessen taucht die ZaHl 42 immer + immer wieder auf und die Bücher schreiB
        eEnweiter, tauscHen sich aus, sprechen VeRschlüsseltes, Wirres, Über
        natürliches.
Die Freundschaft zwischen David + Jonathan ist der GolDene SchNitt des Vitruv,
    , die koMPOsitioNsreGEL auf dem SpazierGanG von Platon.
            Es ist die FREUndschaft über den Apparat, über den ApparAt, den A
            pparat.
Ein Gespräch findet über den ApParat statt, mit langen Haaren.
        Ein Gespräch findet über den APParat stattmit langen Haaren zwischen B
        üchern + Pharaonen und Jonathan + DaViD.

                    BRIEF AN EINE LANGHAARIGE PERSON
                        AUS DER VERGANGENHEIT
____

Liebe Langhaarige   Person

Was ist nur aus Dir geworden?
Da war einmal Romantik, da war einmal Poesie.

        Ich glaube: Du wurdest hypnotisiert, manipuliert
    oder Du überhörst Deine ureigene STimme.
    wie viele Menschen heutzutaGe bist Du womöglich taub geworden, innerlich t
        aub, sodass Du DEom einstiges ICH, welches mit langen Haaren und E
    igenwiLLen loszog.
            womin war nicht wichtig, da Du genau wusstest, dass Dich GOTT
            führen wird.
    Du vertrautest GOTT.
    Das INNERE war wild und frei und tanzte   zur Musik der Natur
    und des Lebens + des Todes.
    Dieser Tanz ist von ganz zentraler Bedeutung, denn er zeigt, dass
    jemand absolute geistige Freiheit erlangt hat.
        Nun ist es aber leider so, dass Dich offenbahr UMstände, das
    bedeutet andere Menschen, die eben diesen WEG ins INNERE nie wagten, Dich
    liebe langhaarige Person aus der Vergangenheit, an sie angeglichen
    haben.
    Dies passierte nur, weil die anderen Menschen

        nicht tanzen können mit der SEELE, nicht eigenständig
    gehen könnnmnnnnnnen, · nicht an Gott glauben.
    Ich wünschte mir so sehr, dass Du wieder die langhaarige Person
    mit dem eigenwilligen CHarAktER warsT'

    Alles Liebe!
    Dein Schreiber

2 Schweigende Figuren

Eine PerSon mit Turban, dunkler Haut, feiner Statur.
Starrer Blick verfolgt mich Tag + Nacht; im dunklen Flur.
Eine weitere Person mit krausem Haar auf den Seiten nur.
Tätowiert mit Büffel + breiter Figur.
Die eine läuft herum die ganze Zeit, die andere liegt auf dem
Sofa rund um die Uhr.
Beide schweigen in C-Dur!

Die Wellen

Sind es die WEllen, die da rauscheN oder sind es Wellen, die sich
in meineM Kopf. boHren und mein Gehirn zermalmen?
Diese Frage ist eigentlich keine Frage, da mich die Antwort schon
weiß.
U d zwar flattern die Wellen wie die Flügel einer Taube ins O r und
von dort in die Kommandozentrale.
Eine Tomate ohne die 4 grünen Blättchen, so fühlt sich das zermalmte
Käsegehirn an.
Böse Strahlung durchlöchert den Käselaib und durch die starke, gro
àààààààààààà§§§§§§§·`¸y§`¯§§§§§§·`·`y·``·yyy``¸eeeeeeee, feurige
Hitze schmilzt er und tropft auf ein Stück pApIEr.¸

auf das der geschmolzene Käse BuchsTABEN kritzelt.

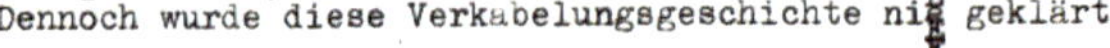

VeRKAbELt

Kabel ein, Kabel aus und aus die MAUS.
Die Sau ist raus. Die Suche wird vergebens fortgesetzt,
ohne Ende, ohne fündig zu werden.
Im Kopf dreht sich alles nur um Kabel.
KabeldElirium, aber kabbellos verkabelt gehe ich nun zu Bett.
Am folgenden, am ddarauffolgenden TaGewurde ich wieder vonm selben Del-
irium getrieben; es war eine Ohnmacht!
Dennoch wurde diese Verkabelungsgeschichte nit geklärt.

Im Niemandsland

Ich bin im Niemandsland, meine Beine tun weh, ich habe
            fast nichts gegessen oder getruNnnken,
            wohin ich gehe, weiß ich nicht.
     Wohin gehe ich, wohin gelange ich,
es wird immerspäter, mein Gepäck immer schwerer, Ungewissheit, Sorgen,
     Angst, wo komme ich hin, wo komme ich an.
            Wo zielt mein Auge hin. Abgrund. Schwarz. Düster.
Gestalteeen. Augen.
            Lallen, Schall, Monster, singende Kreaturen,
     Bestien mit Brusthaaren, hässliche Fratzen, teuflisches Ver-
     führen derAAugen.

     Die Hölle!

     Die Kamera Des Täters

Er kontrolliert, er überprüft abermals, er vergewissert sich,
er möchte sichergehen das, er rekognosziert, er inspiziert, er schnüffelt,
er tut auskundschaften, er prüft genaustens, er schaut mehrmals hin mit sc
harfem Blick, er durchleuchtet, er scannt, er checkt ab, er bewegt
 seine Augen, um dasObjekt nochmals zu erfassen, er dreht sich um, um sein
Sujet wieder +wieder durch seine Netzhaut eindringen zu lassen, er befr
iedigt seine vermeintliche Neugier, indem er sein Haupt zur Materie
     dreht, die er schon etliche Male wahrgenommen hat mit seinem A

     A, A, Apparat, mit seiner Kamera.

                    VAPORWAVE

Violett-blaues UV
Allmächtiges ist dA
Prächtig im GalopPP
Ohnmächtig, KO
Rascheln tuts im OhRR
Wellen dampfen, WoW
Andacht, HallelujA
Violinenklänge auf dem VesuV
Enigmatisches EndE

alllesss tut mir weh und ich bin zu geizig und ich finde
es zu schaaaaade und ich komme in ein delirium und es geht mir übel
waas sollen diese 7 leute DIE K;NNEN NIX NIX NIX nur scheiße
nur künstliche exkremente und nun fühle ich mich kaputt
für immer kaputt für immer geschunden für immer schlecht
eine rote schallplatte eine rouge rouge rouge für 2o eier
zerschlagene eier, was soll das warum so schlecht warum für immer
schle cht warum verdorben warum kaputt und geschunden

f
r
i
m
m
e
r

niemals, niemalz malz oh je oje como vas soll das?

kaffee brauche ich unbedingt kafffffffeeeeeeee
immer kaffee für immer kaffeeeeeee.

gute musik für immer gute klänge im ohr und
im geist. ich hätte es nicht tun sollen
weshalb habe ich geschaut ich bin geizig und trotzdem
geiziegeiziegeiziegeiziegeiziegeiziegeiziegeiziegeizieg
geizig
                geizig

        geizig

                forever geizig

        hundeelend!

        krüppel   f   foreverkrüppelt
                      o
        scannen   r   durchleuchten
                      e
                      v
                      e
                      r